AF273001

Ein guter Redner ist jemand,
der die Menschen mit den Ohren sehen macht.

ABDUL ARISSAL

Besser wirken – mehr erreichen

52 Tipps für Ihre persönliche Wirkung

Ein Handbuch von Michael Moesslang

Die Deutsche Bibliothek – CIP Einheitsaufnahme
Moesslang, Michael
Besser wirken – mehr erreichen
52 Tipps für Ihre persönliche Wirkung
München, 2006
ISBN 3-8334-5099-1

Lektorat: Agentur Gorus, Engen und Berlin, www.gorus.de
Cover: Michael Moesslang, München
Cover-Foto: Klaus D. Wolf, München, www.wolf-bild.de
Foto Rückseite: Reiner Pohl, München, www.pohlfoto.de
Layout und Satz: Michael Moesslang, München
Herstellung und Verlag: Books on Demand GmbH,
　　Norderstedt, www.BoD.de

www.besser-wirken.de
besser-wirken@moesslang.com

Inhaltsverzeichnis

Vorwort

Wie wollen Sie wirken? Wozu brauchen Sie
Wirkung? Dürfen Sie wirken?

Bereits vor 35 Jahren wurde in einer Studie fest-
gestellt, dass Inhalte nur 7 Prozent unserer Kommunikation ausmachen, Körpersprache und Stimme
dagegen gemeinsam 93 Prozent! Doch damit ist es
nicht getan. Ihre innere Einstellung beeinflusst Ihr
Kommunikationsverhalten maßgeblich. Hinzu kommen das Maß Ihrer Selbstsicherheit und eventuelles
Lampenfieber. Die Fähigkeit, Ihre Zuhörer richtig
einzuschätzen und sie dort abzuholen, wo sie stehen,
sowie Aufbau und Taktik Ihrer Gesprächsführung
entscheiden mit darüber, ob Sie Ihrem Gegenüber
sympathisch, vertrauenerweckend und zuverlässig
erscheinen und ob er Ihnen zustimmt oder Ihr
Produkt kauft.

Doch das meiste davon überlassen wir dem Zufall.
Wenn Sie bisher glaubten, allein Ihre Informationen,
Ihre Argumente oder Ihr Produkt würden überzeugen,
dann werden Sie auf den folgenden 52 Seiten viele
nützliche Hinweise erhalten, wie es wirklich ist. Da es
nahezu unmöglich ist, alle Anregungen sofort in die
Tat umzusetzen, empfehle ich Ihnen, jede Woche
einen Tipp auszuprobieren. Dann haben Sie binnen
eines Jahres nicht nur viele Tipps kennen gelernt,
sondern diese auch mühelos in Ihren Alltag integriert.

Denn eine authentische Wirkung, also eine Wirkung, bei der Ihr Gegenüber nicht ständig das Gefühl hat, dass Sie schauspielern, ist Ergebnis eines Lernprozesses: Zunächst lernen Sie das Neue kennen, dann setzen Sie es mit voller Aufmerksamkeit ein und schließlich läuft es so automatisch ab, als sei es schon immer Bestandteil Ihrer selbst gewesen. Und in der mittleren Phase, der bewussten Handlungsphase, entscheiden Sie darüber, ob Sie durchhalten und das Neue tatsächlich in ihrem Alltag integrieren wollen.

Ich wünsche Ihnen nicht nur viel Erfolg, sondern auch jede Menge Spaß und Durchhaltevermögen beim Umsetzen der 52 Tipps für Ihre persönliche Wirkung.

Michael Moesslang

Wenn Sie Anregungen und eigene Ideen haben – und insbesondere, wenn Sie mir von Ihren Erfolgen erzählen möchten –, dann freue ich mich über Ihre Nachricht unter **www.besser-wirken.de**.

Weitere Links:
WebLog: www.erfolgreich-wirken.de
Coaching-Mail: www.eduletter.de
Newsletter: www.Moesslang.com
Web-Site: www.Michael-Moesslang.de

1. Was ist persönliche Wirkung?

Menschen denken in Schubladen. Es geht jetzt nicht darum, ob das gut oder schlecht ist. Anders wäre das Leben zu komplex. Wir schätzen andere blitzschnell ein und legen fest, in welche Kategorie sie stecken: sympathisch oder unangenehm, erfolgreich oder verkommen, arm oder reich, attraktiv oder hässlich, nutzbringend oder uninteressant, intelligent oder dumm. Das ist nicht fair – und doch notwendig.

Der erste Eindruck entsteht in Bruchteilen einer Sekunde. In den ersten paar Minuten wird dieser Eindruck dann überprüft und erweitert. Danach ändert sich meist nur noch wenig.

Sie haben keine zweite Chance für den ersten Eindruck.

Bereits beim ersten Eindruck wirken Sie also und werden sofort in Schubladen gesteckt. Doch auch danach wird pauschal geurteilt: Ihr Gesprächsbeitrag, Ihre Präsentation, Ihr Vortrag – alles wird binnen kurzer Zeit als interessant oder langweilig, als hilfreich oder überflüssig, als informativ oder oberflächlich eingestuft.

Das bedeutet, dass alles, was Sie tun, Einfluss auf Ihre Wirkung hat. Sie können nicht entscheiden, ob Sie wirken oder nicht. Sie können lediglich Ihr Bestes tun, damit Sie gut wirken.

Sie können nicht *nicht* wirken.

2. Was wirkt bei Ihnen?

Auf was achten Sie, wenn Sie einem Menschen begegnen? Zunächst bestimmen Sie, ob Freund oder Feind. Und wenn Feind, dann in welchem Bereich er Ihnen gefährlich werden kann. Wenn Freund, dann achten Sie darauf, welchen Nutzen er Ihnen bringen kann. Dabei sind nette Unterhaltung oder eine kleine Information ebenso ein Nutzen wie Freundschaft.

Doch woran machen Sie das fest? Vieles davon geschieht unbewusst, anderes fällt Ihnen bewusst auf. Haltung, Körpersprache, Blickkontakt, Stimme, Sprache, Geruch – insbesondere die unmerklichen Sexualduftstoffe –, Statur, Aussehen, Benehmen – all das und noch mehr registrieren Sie blitzschnell. Und dabei wird von einem Großteil das schwächste Glied der Kette am meisten beachtet.

Beobachten Sie einmal, was Ihnen an anderen bewusst oder (bisher) unbewusst auffällt. Sie können auch Menschen in Interviews oder Talk-Runden im Fernsehen vergleichen. Entscheiden Sie für sich, welche Punkte die erfolgreicheren, sympathischeren, eloquenteren Menschen wie erfüllen. Vergleichen Sie dann, wie gut Sie selbst in diesen Punkten bestehen.

Zu vielem davon werden Sie in diesem Buch Tipps finden. Anderes, beispielsweise Kleidung oder Etikette, habe ich ausgeklammert, da es jeweils ein eigenes Buch füllen würde.

3. Wollen Sie eine Rolle spielen?

Wie haben Sie diese Überschrift aufgefasst? Sie hat zwei mögliche Bedeutungen:

1. Wollen Sie schauspielerisch eine Rolle spielen oder lieber Sie selbst sein? Wenn Sie mit Ihrem Partner kommunizieren, verhalten Sie sich anders als im Spiel mit einem Kind. Bei Ihrem Chef oder Kunden werden Sie wieder in eine andere Rolle schlüpfen. Wir leben ständig andere Rollen, doch wir spielen sie in der Regel nicht. Ihre wahre Persönlichkeit ist in diesem Sinne die Summe der Rollen, die Sie regelmäßig ausfüllen. Es geht also nicht darum, sich zu verstellen oder eine fremde Rolle zu spielen. Vielmehr geht es darum, Ihre Potenziale voll auszuschöpfen und neue Fähigkeiten zu einem Teil Ihrer Rollen werden zu lassen.

2. Wollen Sie in Ihrem Umfeld eine bedeutende Rolle spielen oder lieber die graue Maus sein, deren Existenz hoffentlich keiner mitbekommt? Das müssen Sie entscheiden. Wenn Sie lieber bescheiden und still in der letzten Reihe sitzen wollen, ist das Ihr gutes Recht. Dann wird Ihr Umfeld wenig auf Ihre Wirkung reagieren – und Sie nirgends unterstützen. Niemand kommt jedoch ohne seine Mitmenschen weiter. Damit diese zu Ihnen stehen, müssen sie von Ihnen und Ihrer Leistung überzeugt sein. Dann bekommen Sie die Rolle, die Sie sich wünschen und die Sie verdienen.

4.   Wodurch wirkt Ihr idealer Redner?

Nicht jeder hat dieselbe Vorstellung davon, wie der ideale Redner oder Gesprächspartner aussieht. Wenn Sie sich Gedanken darüber machen, was Ihrer Idealvorstellung entspricht, finden Sie heraus, worauf es Ihnen ankommt.

Übung: Schreiben Sie genau auf, durch welche Eigenschaften sich Ihr idealer Redner oder Gesprächspartner auszeichnet. Sie können dazu ein reales Vorbild wählen oder sich an den unterschiedlichsten Beispielen orientieren und deren Eigenschaften zusammentragen.

Achten Sie darauf, möglichst unterschiedliche Aspekte zu beachten: Stimme, Körpersprache, Aussehen, die Art zu sprechen und Inhalte zu vermitteln, Humor oder Ernsthaftigkeit, Wissen und Bildung, Verhalten und Benehmen, Assoziationen mit dieser Person und was immer ihnen noch auffällt.

Notieren Sie auch, was es in Ihnen auslöst, wenn Sie diesem Redner zuhören: Wie wirkt er auf Sie und was bewirkt er?

5. Ihr persönliches Zielbild

Die Technik der Zielbild-Visualisierung ist aus mehreren Gründen wirkungsvoll: Sie konzentrieren sich auf das Ziel, nicht auf die Probleme, die auf dem Weg dorthin auftreten könnten. Sie haben ein klare Vorstellung davon, was Sie erreichen wollen und wissen daraus abgeleitet, wie Sie Ihre Entscheidungen treffen müssen. Und ein starkes Zielbild erzeugt den Wunsch, es auch zu erreichen, also Motivation.

Übung: Nehmen Sie Ihre Notizen der letzten Übung und leiten Sie daraus ab, wie Sie selbst – passend zu Ihrer Persönlichkeit – als Redner wirken wollen. Nehmen Sie sich dazu mehrere Zwischenschritte vor. Wie sehen Sie sich, wenn Sie ein richtig guter Redner sind? Wie wollen Sie wirken, was wollen Sie ausdrücken?

Gehen Sie in einem zweiten Schritt daran, diese Ziele wohl zu formulieren. So nennt man eine Formulierung nach folgenden Kriterien:

1. Was genau ist der Fall, wenn das Ziel erreicht ist?

2. Ist das Ziel von Ihnen selbst erreichbar?

3. Ist Ihr Ziel groß und motivierend genug?

4. Woran können Sie ermessen, dass Sie Ihr Ziel erreicht haben?

5. Wann genau werden Sie Ihr Ziel erreichen?

6. Was erreichen Sie durch das Buch?

Ihre Zielvorstellungen decken sich vermutlich nicht vollständig mit den Vorschlägen dieses Buches. Sie haben vielleicht andere Inhalte oder einen anderen Zeitrahmen festgelegt. Deshalb nehmen Sie sich das Inhaltsverzeichnis dieses Buches vor und legen Sie Ihr Ziel hinsichtlich der Arbeit mit diesem Buch fest.

Übung: Notieren Sie, was Sie mit Hilfe dieses Buches verändern wollen und bis wann Sie die jeweilige Verbesserung erreichen wollen. Richten Sie sich nach den Ziele-Kriterien der letzten Übung.

7. Gesprächsvorbereitung

Die folgende Übung funktioniert deshalb sehr gut, weil Ihr Unterbewusstsein das Ziel speichert und Ihnen hilft, die richtigen Entscheidungen zu treffen und am Ball zu bleiben. Das gilt im Großen – etwa im Hinblick auf Ihre Ziele als Redner in den nächsten Jahren – wie im Kleinen. Wenn Sie ein wichtiges Gespräch vorbereiten, hilft Ihnen diese Methode, sich Ihrer genauen Ziele bewusst zu werden.

Übung: Überlegen sie sich vor einem Gespräch, was Ihre genauen Ziele sind (Beispiele):

1. Was genau wollen Sie erreichen?

2. Was ist das, auf das Sie sich bei einem möglicherweise nötigen Kompromiss einlassen möchten?

3. Welche Punkte wollen Sie bewusst ausklammern?

4. Welche Aufgaben sollen nach dem Gespräch wie verteilt, welche Entscheidungen getroffen werden?

5. Welche Auswirkungen soll das Gespräch auf Ihre Beziehung zu Ihrem Gesprächspartner haben?

8. Wirkungs-Ziele bei einer Präsentation

Bei einer Präsentation oder einem Vortrag bereiten Sie Ihre Inhalte vor. Sie wissen also im Gegensatz zum Gespräch vorher, was Sie sagen werden.

Sie können Ihre Vorbereitung optimieren, indem Sie vorher schriftlich festhalten, wie sie wirken wollen.

Übung: Welche Wirkung und welche Ziele wollen Sie erreichen (Beispiele)?

1. Wie wollen Sie in Bezug auf Ihre Körpersprache, Stimme, Dramaturgie usw. wirken?

2. Was soll das beim Publikum auslösen?

3. Welche Interaktionen mit dem Publikum werden Sie einsetzen? Wie gehen Sie mit Fragen um?

4. Welche emotionalen Zustände sollen sich bei Ihren Zuhörern einstellen?

5. Welche Entscheidungen sollen aufgrund Ihrer Präsentation getroffen, welche Arbeitsschritte beschlossen werden?

6. Wie soll sich Ihr Ansehen verändern?

9. Sprechtraining

Untersuchungen haben gezeigt, dass die Stimme verglichen mit Inhalt und Körpersprache 38 Prozent der Wirkung ausmacht. Am Telefon sind es noch mehr. Ihre Stimme ist jedoch nicht angeboren. Sie haben sie sich nach dem Stimmbruch angewöhnt. Dabei haben viele Menschen unvorteilhafte Gewohnheiten entwickelt. Sie sprechen gepresst, zu hoch oder zu leise oder sie nuscheln gar.

Da Sie Ihre eigene Stimme durch Ihren Kopf als Resonanzkörper hören, die Menschen in Ihrer Umgebung jedoch direkt aus Ihrem Mund, nehmen Sie Ihre Stimme meist tiefer und wohlklingender wahr, als sie ist. Überprüfen Sie die Wirkung Ihrer Stimme, indem Sie Freunde vertrauensvoll danach fragen. Oder nehmen Sie Ihre Stimme mittels eines Geräts mit hoher Wiedergabequalität auf (Diktiergeräte oder Anrufbeantworter eignen sich nicht) und urteilen Sie selbst. Schnelles Austrocknen des Mundes beim Sprechen oder Heiserkeit sind übrigens Indizien für falsches Sprechen.

Der Ton macht die Musik.

Sollten Sie Stimmprobleme feststellen, empfiehlt sich der Gang zu einem Logopäden oder Sprecherzieher. Die Investition ist gering, der Übungsaufwand leider hoch. Doch es lohnt sich für Sie. Entscheiden Sie jetzt, Ihre Stimme zu überprüfen und gegebenenfalls professionelle Hilfe zu suchen.

10. Atemtraining

Insbesondere beim Sprechen auf einer Bühne kämpfen viele Menschen mit kurzer oder flacher Atmung. Die Atmung hat starke Auswirkungen auf unser Wohlbefinden. Flaches oder hastiges Atmen kann Nervosität steigern.

Der Atem beeinflusst auch Ihre Stimme. Wenn Sie mit der zur Verfügung stehenden Luft kaum einen längeren Satz ohne Pause ausgesprochen bekommen, kann das zwar auch an Ihrem Lungenvolumen liegen, doch meist ist eine falsche Atemtechnik der Grund. Atmen Sie in die Brust, den Bauch oder Ihre Flanken? Wie ist Ihr Atemrhythmus? Wie öffnen sich Ihr Kehlkopf, Ihr Gaumen und Ihre Lippen beim Sprechen?

Entscheiden Sie jetzt, ob Sie Hilfe in Anspruch nehmen wollen. Sie können Ihren Atem mit Yoga, mit meditativen Techniken oder mit logopädischer Hilfe optimieren.

11. Video oder Spiegel?

Häufig wird in Präsentations- oder Körpersprache-Seminaren Video-Aufzeichnung eingesetzt. Der Teilnehmer soll hinterher sehen, welche falschen Bewegungen oder sonstigen Fehler er unbewusst gemacht hat. Wenn Ihnen eine Kamera zur Verfügung steht, können Sie das auch selbst überprüfen. Idealerweise, indem Sie eine reale Sprechsituation aufzeichnen.

Der Vorteil liegt in der Möglichkeit, sich die Szenen mehrmals ansehen zu können, gegebenenfalls sogar verlangsamt. Ein Nachteil besteht darin, dass Sie erst im Nachhinein sehen, wie Sie agiert haben. Hier hat der Spiegel Vorteile. Andererseits haben Sie beim Spiegel ständig Blickkontakt mit sich selbst, was manche beeinflusst.

Meine Empfehlung lautet daher: Zum alleine Üben den Spiegel, zur Kontrolle die Video-Aufzeichnung einer realen Präsentation oder Rede. Doch egal, was Sie verwenden: Üben Sie regelmäßig und konzentrieren Sie sich dabei jeweils auf ein Thema, z. B. Ihre Beinbewegungen, Ihre Handhaltung oder die Häufigkeit, in der Sie „*Äh*" sagen.

12. Ehrliche Freunde geben Feedback

Freunde meinen es gut mit Ihnen. Das heißt, dass es ihnen schwer fällt, ehrliche Rückmeldung zu geben, wenn diese nicht so positiv ausfallen müsste. Doch es gibt Menschen, die Ihnen gerne wahrheitsgemäßes Feedback geben, wenn Sie sie darum bitten.

Der Vorteil gegenüber der Selbstkontrolle mit Video oder Spiegel liegt darin, dass diese Sie wie normales Publikum erleben. Der Nachteil besteht darin, die subjektive Meinung einzelner zu verallgemeinern.

Vereinbaren Sie die Rückmeldung nach dem Feedback-Burger-Prinzip:

1. Ein Burger ist eingepackt in zwei Brötchenhälften: Lob und Anerkennung.

2. Was war seine Wahrnehmung? Also keine allgemeinen Behauptungen im Stile von *„Du sprichst zu schnell"*, sondern *„Für mich hast Du zu schnell gesprochen. "*

3. Was hat dies bei Ihm bewirkt? Etwa: *„Ich konnte kaum folgen und fühlte mich überfordert. "*

4. Was ist sein Wunsch für das nächste Mal? Etwa: *„Ich wünsche mir, dass du öfters Pausen machst, damit ich Zeit zum Nachdenken habe. "*

5. Jetzt ist die zweite Brötchenhälfte dran.

13. Bescheidenheit als innere Einstellung

„Sei bescheiden!", *„ Mach dich nicht so wichtig!"* oder *„Gib nicht so an!"* sind Sätze, die Sie vielleicht auch von Ihren Eltern gehört haben – und die vielleicht noch immer in Ihrem Kopf herumspuken.

Die am besten angepriesenen Waren verkaufen sich aber am schnellsten. Und Sie sind eine „Ware" auf dem Arbeits- und Beförderungsmarkt oder kämpfen mit Ihrem Unternehmen um Marktanteile. Wenn Sie stets bescheiden Ihre Tugenden hoch halten, ist dies zwar ehrenwert – weiter bringt es Sie jedoch nicht.

Schon Wilhelm Busch hat gekontert:

Bescheidenheit ist eine Zier – doch weiter kommt man ohne ihr.

Nutzen Sie deshalb jede Gelegenheit als Bühne und präsentieren Sie sich. Natürlich ist das kein Freibrief für ungebremste Angeberei. Doch wird es Situationen geben, in denen Sie Gutes tun und darüber reden sollten. Auch dann, wenn der eine oder andere Sie dann verurteilt. Sie können es nicht allen recht machen. Und in der Regel sind diejenigen, die Sie für einen Angeber halten, selbst nicht in der Lage, sich richtig zu präsentieren. Schenken Sie ihnen dieses Buch!

Tipp: Apropos Buch – von Sabine Asgodom gibt es das lesenswerte Taschenbuch *„Eigenlob stimmt!"*

14. Glaubenssätze und Landkarten

Im NLP (Neurolinguistisches Programmieren), einer psychologischen Methodensammlung, gibt es die beiden Begriffe *„Glaubenssatz"* und *„Landkarte"*.

Als Landkarte wird das individuelle Weltbild bezeichnet. Jeder nimmt die Realität anders wahr und interpretiert sie anders. Das führt wiederum zu unterschiedlichen Glaubenssätzen einzelner Menschen. Sie sind die Bestandteile der individuellen Landkarte. Es ist hilfreich für Sie, zu akzeptieren, dass jeder einzelne Mensch aufgrund seiner persönlichen Erfahrungen und Interpretationen eine individuelle, nur für ihn selbst gültige Landkarte hat. Diese ist anders als Ihre.

Wenn Ihnen jemand nicht zustimmt und dies durch kritische Äußerungen kundtut, liegt es meist daran, dass er eine andere Landkarte hat – und die werden Sie nicht ändern können. Diese Erkenntnis nimmt kritischen Fragen in der Regel den Schrecken.

Glaubenssätze sind unsere Überzeugungen davon, wie die Dinge sind. Sie können nützlich oder hinderlich sein, meist je nach Situation das eine oder andere. Solche Glaubenssätze können Sie einschränken, um Ihre wahren Potenziale zu nutzen. Wenn Sie durch besonders starke Glaubenssätze blockiert werden, empfehle ich den Besuch eines guten Coaches, der Ihnen Hilfestellung gibt.

15. Neue Glaubenssätze entscheiden

Es gibt eine einfache Möglichkeit, hinderliche Glaubenssätze zu verändern. Solch ein Glaubenssatz kann sein: *„Ich werde immer nervös, wenn ich präsentieren muss. "* Diese Voraussage wird sich selbst erfüllen, weil Sie eben daran glauben. Viele Glaubenssätze sind nicht sehr tief verwurzelt. Für diese eignet sich die folgende Übung.

1. Notieren Sie Ihren hinderlichen Glaubenssatz.

2. Schreiben Sie auf ein anderes Blatt einen besseren Glaubenssatz, etwa: *„Mit jeder Präsentation werde ich ein Stück sicherer. "* Formulieren Sie positiv, ungeeignet ist: *„… werde ich weniger nervös. "*

3. Achten Sie auf Ihre Gefühle, ob Sie wirklich den alten durch den neuen Glaubenssatz ersetzen wollen, oder ob sich irgendetwas in Ihnen sträubt.

4. Nun zerstören Sie den alten Satz auf dem Papier: Streichen Sie ihn heftig durch. Zerknüllen und zerreißen Sie anschließend das Papier. Machen Sie ein großes Spektakel daraus.

5. Jetzt sagen Sie sich den neuen Glaubenssatz mehrmals vor. Sprechen Sie laut und betonen Sie ihn feierlich.

6. Suchen Sie ab jetzt nach möglichst vielen Bestätigungen dafür, damit sich diese festigt.

16. Devot oder dominant?

Viele Menschen schrecken davor zurück, anderen gegenüber zu dominant aufzutreten. Andere dagegen sind bei allem, was sie tun, dominant, ja fast schon gebieterisch. Wer, denken Sie, wird es weiter bringen? Nein, es ist nicht automatisch der Dominante.

Meines Erachtens gehört dazu eine ausbalancierte Mischung aus Wertschätzung und Führungsqualitäten, zu denen im richtigen Augenblick auch dominantes Verhalten zählt. Der stets zurückhaltende und devote wird dagegen keine Chance haben, insbesondere in einer männerdominierten Gruppe.

Es geht hier nicht darum, Dominanz als solche gutzuheißen, doch ich glaube auch nicht, dass Dominanz an sich schlecht ist. Erst der Machtmissbrauch disqualifiziert den Dominanten tatsächlich. Doch wo es gilt, Ziele zu erreichen, Menschen oder Unternehmen zu führen oder Situationen im Griff zu haben, ist Dominanz durchaus nötig und zu befürworten.

Übung: Achten Sie darauf, wer sich in Ihrem Umfeld eher dominant verhält und wie sich das bemerkbar macht. Woran genau erkennen Sie dominantes Verhalten? Ist es die nonverbale oder die verbale Kommunikation? Setzt er seine Dominanz ein, um seinen Selbstwert zu beweisen oder um Ziele zu erreichen? Was bedeuten diese Erkenntnisse für Ihr eigenes Verhalten? Notieren Sie es sich.

17. Dürfen Sie wirken?

Manche Menschen meinen, der Inhalt, die Sache müsse wirken, nicht der Mensch. Oder es sei die Aufgabe des Einzelnen, andere zu fördern und sich selbst zurückzunehmen. Dürfen Sie demnach überhaupt wirken?

Allein die Tatsache, dass Sie in einem Raum sind, wirkt auf alle anderen im selben Raum. Dem können Sie sich nicht entziehen.

Wir können nicht *nicht* wirken.

Es geht vielmehr darum, wie Sie wirken und wie Sie wirken wollen. Und dabei gilt, dass Sie nicht durch Wirkung alleine gewinnen können, zumindest nicht auf Dauer. Andererseits ist bei den meisten Menschen eher das Gegenteil der Fall: Sie leisten mehr, als sie wirken. Und genau das gilt es zu ändern. Denn woher sollen Ihre Mitmenschen sonst wissen, dass Sie gute Arbeit machen? Das geht nicht, ohne dass Sie darauf aufmerksam machen.

Der Idealfall ist, dass Sie Menschen auf sich aufmerksam machen und so begeistern, dass diese wiederum relevante andere darüber informieren. Das nennt man Eigen-PR.

Ich fasse das in einem Merksatz zusammen:

Sei du – und nicht weniger!

18. Persönlichkeit = Wirken

Eine charismatische Wirkung setzt eine gefestigte Persönlichkeit voraus. Doch genau damit haben die meisten – zumindest in der eigenen Wahrnehmung – große Probleme. Maßnahmen, die die persönliche Wirkung steigern, könnten demnach unecht wirken und damit genau das Gegenteil erreichen.

Die Erfahrung zeigt, dass sich die beiden Pole Persönlichkeit und Wirkung wechselseitig beeinflussen und verstärken. Wenn Sie beispielsweise anfangen, an Ihrer Körpersprache zu arbeiten, mag das zunächst einmal hölzern wirken. Doch es ist wie beim Lernen: Als Sie das erste Mal Auto gefahren sind, legten Sie die Gänge auch noch nicht flüssig ein. Doch bereits nach wenigen Fahrstunden lief das automatisch.

Deshalb gilt die Devise: anfangen! Nehmen Sie sich erste Schritte vor – am besten dort, wo es am nötigsten ist – und legen Sie los. Denn sobald Sie die ersten Erfahrungen gemacht haben, werden Sie nicht nur selbst sicherer, sondern bekommen auch positive Resonanz. Diese steigert Ihre Sicherheit und festigt Ihre Persönlichkeit. Und alles geht plötzlich so automatisch wie das Einlegen der Gänge im Auto.

> **Je geübter Sie sind, desto authentischer wirken Sie – und dies steigert Ihre Sicherheit und festigt Ihre Persönlichkeit.**

19. Lampenfieber umdeuten

Eine Rocksängerin kam zu einem Therapeuten, weil sie – trotz jahrelanger Bühnenerfahrung – mit immer größerer Angst vor dem Auftritt zu kämpfen hatte. Sie sagte, immer, wenn Sie auf die Bühne sollte, begännen ihre Knie zu zittern, der Schweiß laufe ihr den Nacken hinunter, die Hände würden feucht und der Rachen trocken. Und sie wisse dann: *„Jetzt ist es wieder soweit; ich kann da nicht hinaus!"*

Der Therapeut notierte die Symptome und bat sie, in einer Woche wiederzukommen. In der Zwischenzeit fragte er einen anderen Rockstar, wie es ihm erginge. Dieser sagte, immer, wenn er auf die Bühne sollte, begännen seine Knie zu zittern, der Schweiß laufe ihm den Nacken hinunter, die Hände würden feucht und der Rachen trocken. Und dann wisse er: *„Jetzt ist es wieder soweit; ich bin in der richtigen Stimmung da hinaus zu gehen!"*

Die entscheidende Frage ist also nicht, ob es gut oder schlecht ist, Lampenfieber zu haben. Weit mehr Auswirkungen hat die Frage, wie Sie mit Lampenfieber umgehen.

Erst die Deutung der Symptome entscheidet darüber, wie es Ihnen damit geht. Und diese Bedeutung messen nur Sie selbst ihnen bei, niemand anderes.

20. Hausmittel gegen Nervosität

Wenn wir uns gestresst fühlen, wird in der Regel der Atem flacher und hektischer. Dies führt zur Reduktion der Sauerstoffaufnahme und in der Folge zu weniger Handlungsfähigkeit. Der Atem spielt also eine große Rolle. Deshalb ist es ein klassisches Mittel gegen Lampenfieber und Nervosität, die Atmung zu fördern. Dies kann durch tiefes Durchatmen, gezielte Atemübungen, Yoga, Meditation, autogenes Training oder einen Spaziergang an der frischen Luft geschehen.

Auch „Gehirnnahrung", also beispielsweise Studentenfutter oder Bananen, helfen manchen Menschen.

Ich rate Ihnen, auch unbedingt ausreichend Wasser zu trinken. Doch nicht zu viel, sonst müssen Sie womöglich Ihren Vortrag unterbrechen. Und am besten ohne Kohlensäure, um unangenehmes Aufstoßen und Blähungen zu vermeiden. Alkohol vermag Nervosität kurzzeitig zu reduzieren, doch reichen oft kleinste Mengen, um – für den Sprecher selbst unmerklich – die Denkfähigkeit zu reduzieren.

Probieren Sie doch einfach aus, welches dieser Hausmittel bei Ihnen am besten wirkt.

21. Zielbild-Vorstellung

Bühnenangst entsteht auch dadurch, dass Sie – vielleicht nur unbewusst – darauf fixiert sind, was alles schief gehen kann. Drehen Sie die Sache um: Nehmen Sie sich vor Ihrem Auftritt oder Gespräch drei Minuten, in denen Sie ungestört sind. Schließen Sie die Augen und visualisieren Sie Ihren Erfolg.

Diese Ziel-Visualisierung bewirkt erstens die Fixierung darauf, dass alles gut verlaufen wird. Zweitens steigert es die Konzentration auf Ihre Ziele. Und drittens entsteht der starke Wunsch, dies wirklich zu erreichen, also Motivation.

Worauf Sie Ihre Aufmerksamkeit richten, das verstärkt sich.

Stellen Sie sich klar und deutlich vor, wie Sie Ihre Gesprächsziele erreichen, wie gut Sie sich hinterher fühlen und wie Ihnen Ihre Zuhörer zustimmen oder gar Applaus geben. Verwenden Sie bei Ihrer Vorstellung auch Ihre Fähigkeit, sich die entsprechenden Bilder, Geräusche, Gefühle und – falls dies eine Rolle spielt – auch Gerüche vorzustellen.

22. Gewinnen Sie Abstand

Erinnern Sie sich daran, wie Sie sich heute Morgen die Zähne geputzt haben? Schließen Sie dazu jetzt die Augen und holen Sie ein klares Erinnerungsbild hervor.

Nun gibt es zwei Varianten, wie Sie sich erlebt haben können:

1. Sie haben sich durch Ihre eigenen Augen wahrgenommen, so, als würden Sie sich gerade wieder die Zähne putzen.

2. Sie haben von außen gesehen, wie Sie sich die Zähne putzen. So, als sähen Sie einen Film, in dem Sie mitspielen.

Nun experimentieren Sie: Wechseln Sie von Version 1 zu Version 2 und umgekehrt. Machen Sie das einige Male. Es wird Ihnen immer schneller gelingen.

Den ersten Zustand nennt man „*assoziiert*", den zweiten „*dissoziiert*". Assoziiert können Sie Ihre Gefühle dazu wahrnehmen, dissoziiert nicht. Was sind Lampenfieber oder Angst, wenn Sie sie nicht mehr fühlen? Sie brauchen nur in den dissoziierten Zustand zu gehen, also Abstand zu gewinnen, und schon sehen Sie die Sache mit anderen Augen. Und das nutzt Ihnen bei Unsicherheiten. Die Nervosität verschwindet, und Sie fühlen sich weitaus gelassener. Mit ein wenig Übung gelingt es Ihnen immer leichter.

23. Ein ruhiger Stand

Stehen Sie auf einer Bühne oder vor einer Gruppe fest verwurzelt oder rennen Sie nervös hin und her wie der Tiger im Käfig? Gute Redner und Präsentatoren stehen ruhig da. Sie bewegen sich bewusst und passend zum Inhalt. Doch das will geübt sein. Eine Hilfestellung sind kleine Markierungen am Boden. Da nur Sie diese sehen sollen, reichen kleine Klebefilm-Kreuze oder Stellen im Muster des Teppichs.

Üben Sie zunächst, überhaupt stehen zu bleiben, denn meist löst Stress Fluchtreaktionen aus, die sich in eben dieser „Tiger-im-Käfig-Rennerei" zeigen. Sie brauchen viel Geduld, um anfangs überhaupt daran zu denken, auf der Markierung stehen zu bleiben.

Später wählen Sie weitere Punkte aus. Diese können auch zusätzliche Bedeutungen bekommen:

1. Zwei Standpunkte oder Meinungen zu einem Thema sind auch zwei Punkte auf der Bühne.

2. An einer Stelle tragen Sie Wissen vor, an einer anderen erzählen Sie Beispiele und Geschichten und an wieder einer anderen beziehen Sie das Publikum durch Fragen mit ein.

Gehen Sie an entsprechenden Textpassagen z. B. deutlich auf das Publikum zu – jedoch immer bewusst – und danach wieder unmerklich zurück auf Ihre Ausgangsposition.

24. Aufrechte Haltung

Wie Sie stehen, sitzen und gehen, wird noch vor Ihrem ersten Wort wahrgenommen. Üben Sie den idealen Stand, beispielsweise wenn Sie gerade auf einen Zug warten:

Die Füße stehen ungefähr hüftbreit, bei Damen minimal enger, und sind parallel ausgerichtet. Ballen und Ferse sind gleichmäßig belastet. Die Knie sind ganz leicht gebeugt, können also flexibel reagieren. Die Pobacken sind leicht zusammengepresst, so, als ob Sie ein Steinchen festhalten müssten.

Stellen Sie sich nun vor, Sie hätten wie eine Marionette einen Faden an Ihrem Halswirbel. Dieser hält Ihren Oberkörper und Ihren Kopf automatisch in der richtigen Position – die Schultern hängen nicht und sind nicht nach hinten gedrückt. Der Kopf ist weder devot gesenkt noch arrogant erhoben.

Die Hände lassen Sie am Körper gerade herunterhängen. Anfangs ist das ungewohnt, doch es ist die ideale Ausgangsposition für schöne Gesten. Sie wirken somit sicher und entspannt – und das führt dazu, dass Sie sich auch entsprechend fühlen, wenn Sie sich an die hängenden Hände erst einmal gewöhnt haben.

Üben Sie die „Marionette" auch im Sitzen. Sitzen Sie mit geradem Rücken, spüren Sie dabei den Faden. Beide Füße stehen parallel zueinander und fest auf dem Boden.

25. Gang und Dynamik

Bewegungen werden stärker wahrgenommen als Unbewegtes. Darauf ist unsere Wahrnehmung programmiert, und zwar aus Vorsicht. Deshalb fällt als erstes die Dynamik des Ganges auf: Gehen Sie kraftlos oder gar unsicher? Ist Ihr Schritt forsch oder hektisch?

Gehen Sie entsprechend der letzten Übung vor, um Ihren Gang zu üben. Denken Sie dabei nur an das Steinchen und an den Marionetten-Faden, der Rest klappt dann wie am Schnürchen.

26. Eine große Geste

Unsere Eltern haben uns meist eingebläut: *„Zapple nicht so herum!"* Heute führt das dazu, dass wir uns nicht trauen, große und deutliche Gesten zu machen. Dabei zeigt sich schnell, dass jemand, der Gesten einsetzt, lebendiger und sympathischer wirkt und dass sogar die Inhalte einprägsamer sind.

Eine erste Voraussetzung dafür ist, nichts in der Hand zu halten! Stifte und dergleichen zwischen den Fingern sind eher ein Zeichen von Unsicherheit.

Um Ihre Körpersprache wirkungsvoll einzusetzen, sind vor allem zwei Punkte relevant:

1. Viele haben sich unbewusst schlecht wirkende Gesten angewöhnt. Ob es der erhobene *„Lehrer-Finger"* oder die zur *„Pistole"* geformte Hand ist – bitten Sie Freunde, Ihnen zu sagen, welche Gesten sie an Ihnen stören, und achten Sie gezielt darauf, diese zu eliminieren.

2. Dann gilt es, Ihre Gesten groß zu machen – größer als Sie selbst intuitiv für ausreichend halten.

Mit der Authentizität von Körpersprache ist es wie im Kapitel *„Persönlichkeit = Wirken"* beschrieben: Fangen Sie damit an, und mit der Übung wird es automatisch besser.

27. Bezaubernde Mimik

„Wenn du kein Lächeln zu verschenken hast, brauchst du kein Geschäft aufzumachen", heißt eine Weisheit aus China.

Unser Gesicht hat jede Menge Muskeln – nicht nur, um zu lächeln. Und auch hier gilt, was für Gesten allgemein gilt: lieber mehr und deutlicher als zu sparsam. Das schafft Sympathien und verdeutlicht Ihre Einstellung zum Thema.

Übung: Wie jeder Muskel können auch die Gesichtsmuskeln trainiert werden. Nutzen Sie tote Zeiten im Auto oder im Badezimmer und spielen Sie mit ihrer Mimik. Üben Sie insbesondere zu lächeln. Angela Merkel hat es auch geschafft, jederzeit ein freundliches Gesicht machen zu können!

Ein verschenktes Lächeln bekommen Sie immer zurück.

Dabei haben wir ein sensibles Gespür dafür, welches Lächeln echt ist und welches nur gespielt. Guillaume Duchenne hat erforscht, dass nur die Muskeln um den Mund beteiligt sind, wenn das Lächeln künstlich erzeugt wird. Für ein echtes Lächeln wird ein bestimmtes Areal im Gehirn aktiv, das dann die entsprechenden Muskeln und die Atmung steuert. Die Übung dient also nur als Training für die Muskulatur, das Lachen muss aus Ihrem Herzen kommen.

28. Augenbrauen sprechen Bände

Ein interessantes Phänomen ist die Stellung der Augenbrauen: Ziehen Sie die Augenbrauen einmal ganz nach oben. Und jetzt sagen Sie etwas in einem grimmigen Ton.

Geht nicht, stimmt's? Umgekehrt wirkt es immer freundlich, wenn Sie kurz die Augenbrauen hoch ziehen. Der berühmte Körpersprache-Experte Samy Molcho hebt nach fast jedem Satz die Augenbrauen und lächelt dazu. Das bekräftigt seine Worte und vermeidet jeglichen Widerspruch.

29. Blickkontakt halten

Bei Säugetieren bedeutet Blickkontakt in der Regel Aggression und bevorstehenden Angriff, wenn nicht einer nachgibt und wegschaut. Und tatsächlich ist auch beim Menschen der Blickkontakt in Konfliktsituationen eine Drohung.

Dass es jedoch in manchen Gesellschaften – so auch im deutschsprachigen Raum – wichtig ist, sich in die Augen zu sehen, hat wohl eher damit zu tun, dass es mit Sicherheit und Ehrlichkeit assoziiert wird, Blickkontakt aushalten zu können. Menschen, die den Blick häufig abwenden, gelten deswegen als unsicher oder als unehrlich.

Gleichzeitig ist es jedoch dem anderen unangenehm, wenn Sie den Blick ständig starrend auf ihn richten. Das machen nur Außerirdische! Wechseln Sie sich ab – mal schauen Sie Ihrem Gegenüber in die Augen, mal umgekehrt. Denn erst die Begegnung der Blicke wird als unangenehm empfunden und ungern länger als einige Augenblicke toleriert.

Es gibt hier starke kulturelle Unterschiede. So schauen beispielsweise orientalische oder asiatische Frauen Männern überhaupt nicht in die Augen. Doch bereits in Nachbarländern gibt es Abweichungen zu unserem Verhalten. Beobachten Sie also die Gepflogenheiten im jeweiligen Land.

30. Blickkontakt mit der Gruppe

Stehen Sie vor einer Gruppe, dann achten Ihre Zuschauer ganz genau darauf, wie Sie Blickkontakt halten. Denn ein Präsentator, der den Blicken nicht standhält und lieber in seine Unterlagen, auf das projizierte Chart oder auf den Teppich schaut, gilt als unsicher oder gar unehrlich.

Wenn Sie als Vortragender jemandem im Publikum in die Augen schauen, haben die daneben Sitzenden – je nach Entfernung –ebenfalls das Gefühl, Sie schauten sie an. Sie kennen das vielleicht, wenn Sie jemanden im Publikum ohne seinen Namen ansprechen und sich mehrere gemeint fühlen.

Das machen Sie sich zunutze und beginnen mit einem Grüppchen vorne links. Halten Sie für einige Sekunden den Blick, um dann in der Form eines großen M eine Gruppe nach der anderen im Auditorium auswählen. Also von links vorne nach links hinten, weiter zur Mitte vorne und über rechts hinten nach rechts vorne. So hat jeder das Gefühl, angeblickt worden zu sein.

Mit dem großen M halten Sie mit allen Blickkontakt.

31. Kräftige, laute Stimme

Es gibt nichts Schlimmeres als einen Redner, den man kaum noch hört. Das kann drei Ursachen haben: Der Raum hat eine schlechte Akustik, er ist zu groß oder Ihre Stimme ist zu leise bzw. nicht ausreichend verstärkt.

Trainieren Sie die Lautstärke Ihrer Stimme, falls es daran liegt. Sprechen Sie zudem immer für den Zuhörer, der am weitesten weg sitzt. So banal es klingt, doch viele Redner sprechen nur die erste Reihe an.

Nutzen Sie gegebenenfalls ein Mikrofon. Doch Vorsicht – es gibt auch Gründe, die dagegen sprechen:

1. Jedes technische Hilfsmittel ist störungsanfällig.

2. Ihre Zuhörer sind mit ihren Fragen wesentlich leiser als Sie und werden von den anderen Teilnehmern nicht mehr gehört. Nutzen Sie also Zusatzmikrofone für Fragensteller.

3. Je lauter Sie sprechen, desto größer ist die Gefahr von Nebengeräuschen, etwa Privatgesprächen. Das wiederum stört die Umsitzenden.

Faustregel: Mikrofon erst ab 70–100 Zuhörern.

32. Sprechen Sie klar und deutlich

Im alten Griechenland nahm der berühmte Redner Demosthenes Kieselsteine in den Mund, weil er lispelte. Schauspieler üben mit einem Korken zwischen den Zähnen. Eliza Doolittle trainierte mit Professor Higgins in *„Pygmalion": „Es grünt so grün, wenn Spaniens Blüten blüh'n ..."*

Regelmäßige Lockerungsübungen für Kiefer, Zunge und Lippen fördern eine bessere Aussprache und erzeugen so eine positive Wirkung. Hierzu einige Übungen in Kurzform:

1. Öffnen Sie den Mund so weit Sie können. Nun machen Sie einen Kussmund. Wechseln Sie zehn Mal ganz schnell. Dann zwei Wiederholungen.

2. Fahren Sie mit der Zungenspitze entlang der Außenseite Ihrer Zähne. Zehn Mal oben, dann zehn Mal unten, dann zwei Wiederholungen.

3. Bewegen Sie Ihren Unterkiefer für 10 bis 15 Sekunden locker von links nach rechts und zurück. Ebenso nach unten und oben und anschließend vor und zurück. Wichtig: Bleiben Sie dabei locker.

4. Öffnen Sie Ihren Mund weit und fahren dann mit der geraden Zunge herein und heraus – wie ein Auto in und aus der Garage. Drei Mal zehn.

Machen Sie diese Übung täglich sowie kurz vor einer Rede zur Lockerung.

33. Sprechübungen

Die Sprechübungen, die Professor Higgins seiner Eliza aufgab, haben eine lange Tradition. Eine geeignete Sammlung finden Sie im „*kleinen Hey*" oder im „*Sprecherzieherischen Übungsbuch*", auch *Aderhold* genannt.

Besondere Herausforderungen bedeuten die bekannten Zungenbrecher, wie „*Fischers Fritze fischt frische Fische*", „*Blaukraut bleibt Blaukraut und Brautkleid bleibt Brautkleid*" oder „*Der Whiskeymixer mixt Whiskey, Whiskey mixt der Whiskeymixer.*"

Weitere Beispiele finden Sie im Internet, so z. B. unter dem Stichwort „*Zungenbrecher*" auf Wikipedia.de.

Und wann haben Sie das letzte Mal ein Gedicht rezitiert?

34. Sprechen Sie abwechslungsreich

Um jemanden in Hypnose zu versetzen, spricht man in der so genannten Milton-Sprache, benannt nach dem Hypno-Therapeuten Milton Erickson. Dabei wird sehr gleichmäßig und ruhig gesprochen. Wenn Sie Ihr Publikum nicht in Trance reden wollen, verwenden Sie lieber eine lebendige Sprechweise. Variieren Sie Geschwindigkeit, Lautstärke, Rhythmus sowie Tonlage und machen Sie Sprechpausen.

Stellen Sie sich vor, wie ein Hamlet-Darsteller zu sprechen. Das mag verrückt klingen, doch in der Praxis werden Sie – trotz des Vorbildes – keineswegs übertrieben klingen. Ihr innerer Schweinehund wird Sie zurückhalten und doch abwechslungsreicher sprechen lassen als bisher. Was uns selbst als zu viel des Guten vorkommt, ist für das Publikum gerade recht.

Dabei gilt:

> **Abwechslungsreiche und lebendige Sprechweise funktioniert nur in Kombination mit Körpersprache.**

Eine lebendige Sprechweise zu üben, lässt sich gut durch Beobachtung vor dem Spiegel, Video- oder Bandaufzeichnung unterstützen.

35. Sprechgeschwindigkeit

Zahlreiche Menschen sprechen zu schnell. Dies sind oft Menschen mit vorwiegend visueller Orientierung: Sie haben viele Bilder im Kopf. Da ein Bild mehr als tausend Worte sagt, sind sie immer gehetzt, weil sie alle Bilder beschreiben möchten.

Aber auch die extremen Langsamsprecher können für Unmut sorgen. Dabei handelt es sich um eher gefühlsbetonte Menschen, die erst ein Gefühl für etwas entwickeln müssen, bevor sie es in Worte fassen.

Gehören Sie zu einer der beiden Kategorien, dann orientieren Sie sich an der gesunden Mittellage. Auch für alle anderen gilt: nicht zu schnell und nicht zu langsam, dafür abwechslungsreich sprechen. Dann fühlen sich Augen- und Gefühlsmenschen im Publikum gleichermaßen angesprochen.

Passen sie Ihre Sprechgeschwindigkeit dem Inhalt an und variieren Sie diese.

36. Sprechpausen erzeugen Bedeutung

Falls Sie keine Übung darin haben, zwischen Ihren Worten Pausen zu machen, werden Ihnen die ersten Unterbrechungen wie eine Ewigkeit vorkommen. Doch erst eine Pause, bei der Sie langsam bis Drei zählen können, wird von den Zuhörern auch als solche wahrgenommen. Das erfordert erstens Geduld mit sich selbst und zweitens Konzentration.

Haben Sie es sich angewöhnt, Pausen zu setzen, verbessert es Ihre Reden und Präsentationen enorm.

Doch halt, wohin mit den Pausen? Zwischen oder in die Sätze? Beides. Sprechen Sie den folgenden Satz vier Mal laut und machen Sie dabei *1-2-3-Pausen* an den Stellen der Gedankenstriche:

Er – hat dieses Mädchen nicht geküsst!

Er hat dieses – Mädchen – nicht geküsst!

Er hat dieses Mädchen – nicht – geküsst!

Er hat dieses Mädchen nicht – geküsst!

Merken Sie den Unterschied zur normalen Sprechweise? Wenn Sie nun den Satz jeweils noch besonders deutlich betonen – mittels Lautstärke und Tonlage – erleben Sie vor Ihrem inneren Auge vier vollkommen andere Szenen.

37. Äh, man, vielleicht und so weiter

„Ja, also – äh – ich würd' eigentlich mal sagen, man versucht halt vielleicht so ein Ding zu machen, oder?" Dies ist die *Ich-sage-eigentlich-nichts-Sprache.* Menschen, die so reden, stehen nicht zu dem, was sie sagen. Zumindest wirkt es so auf andere.

Wenn Sie etwas sagen *würden*, dann sagen Sie es. Wenn Sie etwas tun, tut es nicht *man.* Wenn Sie etwas *versuchen*, machen Sie es entweder oder eben nicht. Wenn Sie sich bedanken *möchten*, warum tun Sie es nicht?

Zu all den Möglichkeitsformen kommen meist inhaltslose Füllwörter, wie *eigentlich, vielleicht, mal, also* oder *äh.* Das Dumme ist, dass es uns selbst oft gar nicht auffällt. Selbst wenn Sie ein Band einsetzen: Sie hören diese unsinnigen Verschmutzungen Ihrer Aussage erst später. Um sofort darauf aufmerksam zu werden, hilft nur ein geduldiger Freund, der Sie immer, wenn Sie unter vier Ohren sind, auf Ihre Unwörter aufmerksam macht.

Haben Sie dabei Geduld mit sich, denn insbesondere Floskeln *(„ich sag mal", „ich glaub', …")* oder das berühmte *Äh* setzen wir ein, wenn wir eine Denkpause brauchen. In diesem Moment sind wir mit der Aufmerksamkeit bei unseren Gedanken und nicht bei unseren Worten. Machen Sie lieber eine Denk- *und* Sprechpause!

38. Hochdeutsch oder Dialekt?

Die deutsche Sprache hat keine amtliche Aussprache. Insofern sollte sich das Problem des Hochdeutschen nicht stellen. Es gibt jedoch Standardwerke für die Ausbildung in Sprechberufen (Hey, Aderhold), die eine ideale Aussprache für professionelles Sprechen empfehlen.

Andererseits ist es nicht sinnvoll, in jeder Situation dieses so genannte Hochdeutsch zu sprechen. Passen Sie sich lieber ihrem Publikum an. Sprechen Sie auf der Versammlung des Landesverbandes der Viehzüchter im Dialekt – vorausgesetzt es ist Ihrer. Und sprechen Sie vor gemischtem oder vorwiegend Hochsprache sprechendem Publikum entsprechend sauberes Deutsch.

Eine leichte Einfärbung Ihrer Sprache kann sogar besonders authentisch wirken und Sie sympathisch machen.

Sprechen Sie Wörter regionaltypisch aus. So verwenden viele Regionen das auch im Hey empfohlene „*wech*" für das Wort weg. In anderen Regionen wird das geschriebene weg auch so ausgesprochen. Im Norden sagt man „*Schemie*", im Süden „*Kemie*". Dies hat weniger mit Dialekt als mit dem Auslegen der Aussprache von Schriftdeutsch zu tun und ist eben nicht amtlich geregelt. Glücklicherweise, wie ich finde.

39. Fremdwörter und Fachausdrücke

Viele Rhetoriktrainer empfehlen, auf Abkürzungen, Fremdwörter und Fachausdrücke komplett zu verzichten. Doch wie wirkt es auf Sie, wenn in einer Gruppe von IT-Experten (Fachausdruck!) jemand vom *„Hinaufladen unter Zuhilfenahme des Daten-Transfer-Protokolls"* spricht? Hier ist ein *„Upload via FTP"* so gängig, dass eher die deutsche Übersetzung Rätsel aufgibt.

Das gilt ähnlich für Fremdwörter. In jeder Sprache gibt es seit jeher Veränderung. Es werden Wörter aus anderen Sprachen übernommen und teils eingedeutscht, teils wie in der Fremdsprache verwendet. Wenn Sie von *„mailen"* sprechen, ist das kein sauberes Deutsch, doch Sie machen klar, dass Sie etwas nicht mit der Post oder dem Kurier schicken. *Chef, Portemonnaie, Trottoire* wurden zu napoleonischen Zeiten ebenso aus dem Französischen übernommen, wie *Kindergarden* oder *Pretzel* im Englischen aus dem Deutschen übernommen wurden.

> **Verwenden Sie deutsche Wörter, wo es geht und sinnvoll ist – wenn aber ein Fachbegriff oder Fremdwort angebracht ist, darf es auch eingesetzt werden.**

Dort, wo ein deutsches Wort geeignet – und für die jeweilige Zielgruppe angebracht – ist, sollten Sie es bevorzugen.

40. Sie sind der Mittelpunkt

Beobachten Sie, auf welche Art viele Präsentatoren Beamer-Projektionen oder Flip-Charts einsetzen. Nicht nur, dass meist zu viel Information den Betrachter erschlägt. Viele lesen ihre eigenen Worte vor, betrachten sinnierend ihr Werk oder sprechen weiter, während das Publikum mit Lesen beschäftigt ist.

1. Prüfen Sie, wo Sie überhaupt PowerPoint und ähnliches benötigen. Sprechen Sie lieber lebendig.

2. Während Sie schreiben (Flip-Chart, White Board) sprechen Sie nicht, sondern machen Sie eine Pause. Legen Sie den Stift wieder weg, bevor Sie erneut sprechen.

3. Wenn ein Chart projiziert wird, warten Sie, bis die Teilnehmer den Text gelesen haben. Sprechen Sie erst dann. An der Zeit erkennen Sie, dass fünf Inhaltspunkte oder 40 Wörter schon sehr viel sind.

4. Lesen Sie nicht ab, was ohnehin auf einer Folie steht. Schreiben Sie nur Stichworte auf, und sprechen Sie dann einen zusammenhängenden Text.

5. Deuten Sie mit der zum Publikum offenen Hand auf Charts, nicht mit dem Pointer oder Zeigefinger.

6. Achten Sie immer darauf, dass Sie als Präsentator mehr Aufmerksamkeit bekommen als Charts oder Texte. Sonst könnten Sie die PowerPoint-Datei auch per E-Mail versenden.

41. Eisbrecher und Feuerwerk

Beginnen Sie Ihr Gespräch oder Ihre Präsentation mit einem Knaller. Und enden Sie mit einem Feuerwerk der Begeisterung. Die ersten und die letzten Worte sind entscheidend für Erfolg oder Misserfolg.

Starten Sie mit einer provozierenden Behauptung, mit einer kleinen Geschichte oder Metapher, mit einer kniffeligen Frage. Die Antwort geben Sie erst später. Lassen Sie sich etwas Besonderes einfallen. So erzeugen Sie Neugierde und Aufmerksamkeit und übernehmen sofort die Führung.

Nur in wem selbst ein Feuer brennt, kann bei anderen den Funken entzünden.

Auch der Schluss will wohl überlegt sein: Wollen Sie Begeisterung, muss Ihre eigene Begeisterung auch spürbar sein. Wollen Sie eine lebhafte Diskussion, müssen Sie die Menschen motivieren, sich daran zu beteiligen. Die Frage *„Hat noch jemand Fragen?"* wird mit Ja oder Nein beantwortet und tötet meist jegliche Lust am Diskutieren.

„Lassen Sie uns jetzt darüber diskutieren, wie wir bereits morgen eine Entscheidung treffen können", wirkt dagegen ganz anders. Erwarteten die Teilnehmer die Entscheidung erst in einem Monat, provozieren Sie damit zunächst Widerstand, auf den eine zielorientierte Diskussion folgen wird.

42. Empathie heißt hin-hören

Um zu wirken, können Sie nur die Ursache oder eine Reihe von Ursachen dafür setzen. Wie Ihre Wirkung tatsächlich ist, liegt im Auge des Betrachters bzw. Zuhörers. Um ein Gefühl dafür zu bekommen, wie Sie wirken, brauchen Sie Rückmeldungen.

Auch wenn Sie in angespannten Situationen womöglich mit Ihrer Aufmerksamkeit bei sich sind: Sie brauchen eine Antenne für Ihr Gegenüber.

Ermuntern Sie Ihr Publikum zum Sprechen und hören Sie genau hin. Denn das Gesagte ist oft nicht das Gemeinte. Fragen oder Behauptungen werden nicht selten aus einem ganz anderen Grund geäußert. Eine scheinbar klare Frage zum Sachverhalt kann so beispielsweise zu Folgendem dienen:

1. Etwas Unklares zu klären

2. Etwas Verstandenes bestätigt zu bekommen

3. Aufzuzeigen, dass der Frager selbst anderer Meinung ist – oder andere Informationen hat

4. Sie auf Ihre Kompetenz zu testen

Horchen Sie auf das zwischen den Zeilen Gesagte. Dadurch geben Sie nicht nur eine bessere Antwort, Sie merken auch, ob das von Ihnen Gesagte nur gehört oder auch verstanden oder sogar akzeptiert wird.

43. Intuition heißt hin-fühlen

Neben dem Zwischen-den-Zeilen-Lesen besitzen wir eine weitere Gabe, die oft ein verkümmertes Dasein fristet. Wir können spüren, wie wohl sich eine Person fühlt, ob Sie zufrieden ist oder unsicher, ob sie anderer Meinung ist, obwohl sie Einverständnis zugesichert hat.

Hören Sie auf Ihr Bauchgefühl und beobachten Sie die Teilnehmer genau. Doch führen Sie keine Diskussion darüber, ob Ihre Intuition richtig ist oder nicht. Wenn Sie Ihren Teilnehmer beobachtet haben und dann zu ihm sagen *„Ich sehe doch genau, dass Sie anderer Meinung sind, sagen Sie es doch!"*, wird dieser sich erst recht zurückziehen. Bedenken Sie, dass viele Zuhörer sich nicht vor den anderen darstellen wollen. Behalten Sie Ihre Beobachtungen lieber für sich und stimmen Sie Ihr weiteres Vorgehen darauf ab.

44. Fragen zulassen?

Die „Frage nach den Fragen" beschäftigt viele Redner und Präsentatoren. Ist es besser, Fragen sofort zu beantworten oder die Teilnehmer zu bitten, diese erst am Schluss zu stellen?

Die Antwort heißt: Lassen Sie Fragen jederzeit zu! Alles, was Sie aus dem Publikum erfahren können, hilft Ihnen bei Ihrer Rede oder Präsentation. Sie erkennen so, ob Ihnen das Publikum folgen kann und inwieweit das Gesagte für die Zuhörer auch relevant ist. Es gibt meines Erachtens nur wenige Situationen, in denen Sie Fragen unterbinden sollten:

1. Die Größe des Auditoriums lässt dies akustisch nicht zu und Sie haben kein Mikrofon für Fragesteller.

2. Sie halten eine Meinungsrede, z. B. eine politische Rede, deren Inhalt nicht diskutiert werden soll.

3. Sie halten eine kurze Rede, und der Zeitrahmen ist für Fragen zu kurz.

In diesen Fällen ist es jedoch ein Zeichen von Wertschätzung, wenn Sie die Möglichkeit zum Austausch und zur Beantwortung von Fragen per E-Mail oder Telefon einräumen. Kündigen Sie dies an, und antworten Sie dann schnell und zuverlässig.

45. Sie können nicht antworten?

Viele Redner haben Angst vor einer Frage, die sie nicht beantworten können. Selbstverständlich sollten Sie sich in Ihrem Thema auskennen – doch wer wollte ernsthaft verlangen, dass Sie alles wissen?

Reagieren Sie gelassen, und sagen Sie es so, wie es ist. Sie können nicht alles wissen und müssen sich dafür nicht rechtfertigen.

Stellen Sie keine Mutmaßungen an und erraten Sie keine Antwort, sondern sagen Sie offen, dass Sie momentan keine Auskunft geben können. Notieren Sie sich die Frage und den Namen sowie gegebenenfalls die E-Mail-Adresse des Fragestellers, um ihm später zuverlässig die Antwort zukommen zu lassen.

Experten stehen eindeutig zu ihrer Empfehlung.

Werden Sie dagegen nach Ihrer Meinung zu einem Sachverhalt mit zwei möglichen Lösungen gefragt, entscheiden Sie selbst, ob Sie eine einseitige Stellungnahme lieber nicht abgeben wollen oder ob es Ihrem Ansehen im Gegenteil nutzt, Ihren Standpunkt klar zu vertreten. Experten zeichnen sich dadurch aus, dass Sie sich entscheiden, welches der bessere Weg ist. Je mehr Sie zu einer Aussage stehen, desto mehr werden Sie als Experte anerkannt.

46. Fragen, aber richtig!

Umgekehrt können und sollten Sie das Publikum dadurch einbinden, dass Sie Ihrerseits Fragen stellen. Doch oft geschieht dies in einer Art, wie es Zuhörer noch aus Schulzeiten in unangenehmer Erinnerung haben. Lehrer fragen die Klasse meist Dinge, auf die es nur eine richtige oder falsche Antwort gibt. Der Lehrer fragt so lange, bis er die richtige Antwort bekommt – und alle, die vorher eine falsche Antwort gegeben haben, sind nun bloßgestellt.

Vermeiden Sie diese Art der Wissensabfrage. Ebenso sind Suggestivfragen, wie sie im Verkauf trainiert werden, eher dazu geeignet einen Abschluss zu erzwingen als ein Publikum einzubinden. Als Präsentator helfen Ihnen offene, neugierige Fragen, die Stimmung des Publikums zu erleben oder dessen Erfahrungen zu erkennen. Beispiele sind:

1. *„Berichten Sie bitte über Ihre Erfahrungen mit …"*

2. *„Welche Anwendungen können Sie sich noch mit … vorstellen?"* (Im Gegensatz zu *„… gibt es noch"*)

3. *„In welchen Bereichen sind Sie mit … erfahren?"*

Wenn Sie die Antwort schon wissen, dann fragen Sie auch nicht.

47. VAK und die 10 Sinne

Wir Menschen nehmen unsere Umgebung über 10 Sinne wahr: visuell (sehen), auditiv (hören), kinästhetisch (fühlen), olfaktorisch (riechen), gustatorisch (schmecken) sind die Hauptsinne. Darüber hinaus haben wir noch Sinne für Temperatur, Schmerz (wird über andere Rezeptoren und Nerven in ein anderes Areal im Gehirn geleitet als Berührungen) und Gleichgewicht. Der prepriozeptive Sinn lässt uns wahrnehmen, wo sich unsere Körperteile befinden. Und schließlich nehmen wir noch über einen eigenen Sinn die Sexualduftstoffe wahr. Dies geschieht nicht über normale Riechorgane und wird auch anders verarbeitet.

In der Regel sind die ersten drei Sinne (VAK) relevant für Gespräche und Präsentationen.

1. Das Gesprochene wird gehört oder in der Vorstellung des Publikums erzeugt.

2. Bilder werden gezeigt oder in der Vorstellung des Publikums erzeugt.

3. Gefühle werden erzeugt.

Die Fähigkeit, Bilder, Töne und Gefühle beim Publikum zu erzeugen, zeichnet einen guten Redner aus. Diese „internalen" Bilder sind stärker als gezeigte Bilder, da sie der eigenen Vorstellung der Person näher kommen.

48. Umgang mit VAK-Typen

Im NLP, dem neurolinguistischen Programmieren, wird abgeleitet, dass Menschen normalerweise einen der drei Sinne VAK (visuell, auditiv, kinästhetisch) bevorzugen. Das bedeutet, dass wir alle nutzen, doch auf einen stärker ansprechen. Welcher Typ sind Sie?

1. Visuelle Menschen sprechen schnell und verwenden Wörter und Wendungen wie *einleuchtend, offensichtlich, klar, Überblick, Ansicht, Perspektive, schleierhaft, farbig, schwarz sehen, in einem anderen Licht, trüb, Aufsicht, Absicht, strahlend, glänzend, heller Kopf* usw.

2. Auditive Menschen sprechen gleichmäßig und verwenden Wörter und Wendungen wie *Zustimmung, sich einstimmen, klingen, Harmonie, unerhört, Echo, den Marsch blasen, Stimme der Vernunft, hör zu, leise Ahnung, höchste Töne, knistern, einflüstern* usw.

3. Kinästhetische Menschen sprechen langsam und verwenden Wörter und Wendungen wie *Begriff, das liegt auf der Hand, schwerfällig, leichtsinnig, anpacken, zugreifen, aufstacheln, im Handumdrehen, eintreten, niedergeschlagen, heiß auf etwas, Belastung,* usw.

Wenn Sie sich im Zwiegespräch direkt auf den Anderen einstellen, wird er Sie eher verstehen und Ihnen eher zustimmen. Einer heterogenen Gruppe bieten Sie am besten eine Sprache, die Wörter aus allen drei Bereichen hat – also für jeden etwas.

49. Persönlichkeitstypen I

Um Menschen besser einschätzen zu können, wurden zahlreiche, teils ähnliche Typologien entwickelt. Grundlage sind meist drei oder vier Typen, von denen es dann diverse Misch- und Untertypen gibt.

1. Ein dominanter, zielstrebiger Mensch ist auf Erfolg gepolt. Er setzt sich klare Ziele und steuert direkt darauf zu. Details stören ihn. Gewinnen Sie ihn mit schnellen Vorteilen, Visionen. Sagen Sie, er sei der Erste und um Details kümmerten Sie sich.

2. Der genaue Typ ist eher an den Details interessiert. Er will sich sicher sein, die richtige Entscheidung zu treffen. Dazu sammelt er Informationen und vergleicht genau. Bieten Sie ihm Detailwissen. Bestätigen Sie ihm, dass eine Entscheidung richtig ist und er sicher sein kann.

3. Menschen, denen vor allem Beziehungen wichtig sind, denken sozial, stellen Freundschaften über eigene Interessen und bevorzugen Gruppen und Vereine. Zeigen Sie ihnen, dass Sie ein zuverlässiger Freund sind, der nicht auf den schnellen oder kurzfristigen Erfolg aus ist.

4. Besonders kreative Menschen entwickeln ständig neue Ideen. Sie sind begeisterungsfähig und halten es nicht lange mit ein und derselben Sache oder Person aus. Bieten Sie ihnen etwas vollkommen Verrücktes oder etwas noch nie Dagewesenes an.

50. Persönlichkeitstypen II

Die Typen solcher Systeme treten selten in Reinform auf. Die Schubladen-Klassifizierung hilft uns jedoch einzuschätzen, mit wem wir es zu tun haben, wie er reagieren könnte und mit welcher Methode wir punkten können.

Viele Menschen sind ausgewogen und weisen von jedem Typ in etwa gleich viele Anteile auf. Andere sind Mischtypen, beispielsweise aus Typ 1 und Typ 2. Diese Menschen sind dann mal zielstrebig und direkt, um in einer anderen Situation genau und detailverliebt zu handeln.

Um einen Gesprächspartner einzuschätzen, stellen Sie am Beginn des Gespräches ein paar neugierige Fragen. Achten Sie auf die Wortwahl und darauf, was ihm wichtig ist. Haben Sie einen Verdacht, dann argumentieren Sie in diese Richtung.

Legen Sie sich in der Vorbereitung für jeden Typ die richtige Argumentation zurecht. Dazu ist es hilfreich, Ihren eigenen Typ zu kennen.

51. Rapport, die harmonische Bindung

Befinden sich zwei Menschen in Übereinstimmung, gleichen sie unbewusst ihr Verhalten an: Stand oder Sitzhaltung, Sprechweise, Atmung und vieles mehr. Der englische Ausdruck dafür ist Rapport und heißt soviel wie „harmonische Verbindung".

Sie können dies nutzen, indem Sie sich angleichen und Ihr Gegenüber „spiegeln". Dabei geht es nicht darum, ihn genau nachzumachen, denn das wäre auffällig und unangenehm. Passen Sie Ihr Verhalten nur an. Nimmt Ihr Gegenüber beispielsweise Abstand von der Tischkante, tun Sie es ebenfalls. Beugt er sich wieder nach vorne, tun Sie es auch. Achten Sie auf seine Sprechweise: Spricht er schnell oder laut und welche Worte wählt er? Spricht er Dialekt oder Fachsprache und verwendet er Sprechpausen? Das stärkste Instrument der Angleichung ist die Atmung.

Das alles ist leichter, als Sie denken, da vieles davon ohnehin unbewusst geschieht – solange Harmonie besteht. Bewusst steuern müssen Sie es dann, wenn es gilt, Harmonie herzustellen.

Haben Sie nun eine Weile Ihren Gesprächspartner gespiegelt, können Sie die Führung übernehmen. Verändern Sie nun zuerst etwas und nach einer kurzen Phase wird er Sie unbewusst nachahmen. So können Sie die Übereinstimmung im Körperlichen auf die Inhalte übertragen.

52. Wertschätzung

Die einfachste Regel ist gleichzeitig diejenige, die sich am schwierigsten umsetzen lässt. Sie lautet:

Egal was passiert – gehen Sie immer wertschätzend mit den Menschen um.

Es ist nicht leicht, einem Menschen, der Sie angreift oder verletzt, weiterhin mit Wertschätzung zu begegnen. Es ist auch nicht einfach, jemanden, dessen Verhaltensweisen Sie absolut nicht verstehen können, wertzuschätzen. Doch genau darin liegt die Kunst des Charismas.

Jemanden wertzuschätzen bedeutet nicht, sich selbst zurückzunehmen und jeden gewähren lassen. Wenn Sie anderer Meinung sind, ist es eine Frage der Wortwahl, wie Sie das ausdrücken. Greifen Sie andere nicht an, verletzen Sie sie nicht. Das führt nur zu einer Gegenreaktion. Stellen Sie Ihre Sichtweise dar und geben Sie zu erkennen, dass Sie die des anderen akzeptieren. Verstehen müssen Sie sie nicht.

Sie sind etwas ganz Besonderes und sollten sich dessen bewusst sein und auch so leben. Doch vergessen Sie nicht, dass jeder andere Mensch ebenso etwas ganz Besonderes ist und auch so leben darf. Kann er es nicht, dann helfen Sie ihm, doch verurteilen Sie ihn nicht.

Nachwort

Ich gratuliere Ihnen, dass Sie bis hierhin durchgehalten haben. Wenn Sie inzwischen alle Tipps befolgen, sind Sie sicherlich zum meisterlichen Redner geworden.

Wie Sie an weitere Tipps kommen, konnten Sie im Vorwort bereits erfahren. Auf die dort beschriebene Weise können Sie mir auch von Ihren Erfolgen berichten oder mir und anderen Lesern Ihre Meinung kundtun. Denn nicht jeder Tipp ist für jeden Menschen gleich geeignet. Ich freue mich darauf, von Ihnen zu erfahren, was für Sie besonders nützlich war.

Und so wünsche ich Ihnen viel Erfolg!
Ihr Michael Moesslang

Wirken. Mit Begeisterung. Mit Persönlichkeit.
Sicher auftreten und überzeugen.

Ihre Wirkung, Ihr Nutzen

Sprechen lernen wir von unseren Eltern. Wirkungsvoll zu sprechen selten. In der heutigen Arbeitswelt kommt es darauf an, schnell und gezielt Ergebnisse zu erreichen. Dazu brauchen wir Kommunikation, die wirkt! Das ist mehr als nur mit Inhalten und rhetorischen Floskeln die Zuhörer zu langweilen. Es bedeutet Authentizität, Ausstrahlung und Wirkung.

Erfolg durch Wirkung

- ✔ sicheres und selbstbewußtes Wirken unter Nutzung des vollen Persönlichkeitspotentials
- ✔ authentische Einheit verbaler und nonverbaler Kommunikation
- ✔ souveräne Gesprächsführung mit natürlicher Ausstrahlung
- ✔ gewinnendes und überzeugendes Auftreten mit lebendiger Rhetorik
- ✔ zielführende und erfolgreichere Besprechungen, Präsentationen und Vorträge

Ammerstraße 7f · 81479 München
+49.89.75 99 92 33

MM@Moesslang.com
www.Michael-Moesslang.de

Buchen Sie Performance

60-Minuten- oder 90-Minuten-Vortrag, Kurz- und 3-Tages-Seminar für erfolgreiche Mitarbeiter und Führungskräfte oder als Incentive für Ihre Kunden, Geschäftspartner und Belegschaft.

Die Welt ist eine Bühne – das Leben ist ein Spiel.

CALDERÓN